【中国人格读库】

国家新闻出版广电总局

培育和践行社会主义核心价值观主题出版重点出版物

宋教仁传

高占祥 主编

王科 著

北京时代华文书局

图书在版编目（CIP）数据

宋教仁传 / 王科著 . -- 北京：北京时代华文书局，2015.8（2022.3 重印）
（中国人格读库 / 高占祥主编）
ISBN 978-7-5699-0418-5

Ⅰ．①宋… Ⅱ．①王… Ⅲ．①宋教仁（1882～1913）—传记 Ⅳ．① K827=6

中国版本图书馆 CIP 数据核字（2015）第 161476 号

宋 教 仁 传
Song Jiaoren Zhuan

主　　编 | 高占祥
著　　者 | 王　科

出 版 人 | 陈　涛
责任编辑 | 邢　楠
装帧设计 | 程　慧　段文辉
责任印制 | 訾　敬

出版发行 | 北京时代华文书局 http://www.bjsdsj.com.cn
　　　　　北京市东城区安定门外大街 138 号皇城国际大厦 A 座 8 楼
　　　　　邮编：100011　电话：010 - 64267955　64267677
印　　刷 | 三河市嵩川印刷有限公司　0316 - 3650395
　　　　　（如发现印装质量问题，请与印刷厂联系调换）
开　　本 | 787mm×1092mm　1/16　印　张 | 11.5　字　数 | 109 千字
版　　次 | 2016 年 1 月第 1 版　　印　次 | 2022 年 3 月第 3 次印刷
书　　号 | ISBN 978-7-5699-0418-5
定　　价 | 39.80 元

社会主义核心价值观与中国人格

周殿富

社会主义制度在中国已经建立了六十余年，而我们党则在本世纪初叶提出了培育弘扬社会主义核心价值观的重大课题，显然是其来有自。

社会主义的道德风尚在新中国蔚然兴起，曾经那样地风靡于二十世纪中叶。邓小平同志曾经在改革开放中讲过，当年"这种风气不仅是中国历史上从来没有过的，而且受到了世界人民的赞誉"。然而可惜的是，这个在社会主义制度建立与实践中，同步兴起的社会主义道德风尚的成长道路，却是一波四折。半个多世纪以来，它先是与共和国一道遭受了十年"文革"的浩劫；接着便是全党工作重心转移到改革开放进程中，欧风美雨"里出外进"的浸洗濡染；再接着是西方"和平演变"在东欧得手的强烈震荡与冲击；最后又是市场经济中那两只"看不见的手"在搅动着、嬗变着人们的价值取向。至少在国民中出现了价值观上的多层次化，传统美德的弱化，社会道德文明水准的退化，光荣革命传统的淡化，这也许正是中央在本世纪初提出社会主义核心价值观的原因吧。

不管怎么"变"，怎么"化"，当我们回首来时路，却不能不说，中华民族真的很强大，很值得骄傲。人类经历了几千年的文明进程，堪称世界文化之源的"五大文明古国"，其他四大古国文明都已被历史淘汰灭亡，只有中国成了唯一的延续存在。近现代即使那般的积贫积弱，被西方列强豆剖瓜分、弱肉强食，想亡我中华都不可能，就连最强大的美帝国主义，最凶残的日本军国主义都成为我们的手下败将，而且打出了一个新中国，且跨过整整一个历史阶段，直接进入了社会主义。西方敌对势力几十年不遗余力地对新中国百般围剿，"冷战""热战""和平演变"手段用尽，连如此强大的前苏联乃至整个苏东阵营都被瓦解了，而社会主义的旗帜仍旧在960万平方公里的土地上高高飘扬，而且昂首挺胸地屹立在世界的东方，中国真的是太强大了。几十年来的瞩目成就，竟然令西方发出了"中国威胁论"。你管他别有用心也好，言过其实也好，总比让别人说我们是"瓷器"，是"东亚病夫"好吧？1840~1949年的一百零九年间，中国尽受别人的欺负、"威胁"了，我们也能让那些昔日列强有点"威胁感"，又有什么不好？更何况这是他们自己说的啊！我们并没吹嘘，也没有去做。几千年来我们侵略过谁呢？"反战""非攻""兼相爱，交相利"，中国古有墨子，近有周恩来、邓小平同志。这也是中华民族固有传统美德的延续吧！

生于忧患，死于安乐，这也当是中华民族的一个传统美德吧？几十年来尽管中国如此繁荣兴旺，但从邓小平生前一直到党的"十八大"以来，无论哪一届中央领导集体，从来都没有忘记过国之忧患。忧在何处，患在何处呢？

二十世纪八十年代末，邓小平同志曾经在半年的时间内四次提到：中国改革开放十年最大的失误在教育，在"对青年的政治思想教育抓得不够""对人民的教育不够"，足见他的痛心疾首。他晚年时又提到了"国格"与"人格"的问题，讲道："谈到人格，但不要忘记还有一个国格。特别是像我们这样第三世界的发展中国家，没有民族自尊心，不珍惜自己民族的独立，国家是立不起来的。"

（精装版《邓小平文选》第3卷331页。）

人们很少注意到邓小平的这一段话，但邓小平恰恰是在这里把"国格""人格"提升到了事关"立国"的高度。

那么，什么是我们社会主义的"国格"呢？邓小平讲得很明白："民族自尊心""民族的独立"。

新中国一路走来，我们最大的尊严便是完全靠"自力"，靠"艰苦奋斗"，而达"更生"之境。对西方敌对势力的"冷战""热战""和平演变"，我们何曾有过屈服？也正是在这一前提下，我们才有真正的"民族独立"。这就是我们的国格。那么什么是我们中国人的人格呢？邓小平同志在这里没有讲，但他在1978年4月22日召开的全国教育工作会议上的讲话中，在讲到我们的教育培养目标时，至少提到与社会主义人格相关的各个方面：革命的理想，共产主义的品德，勤奋学习，严守纪律，艰苦奋斗，努力上进，爱祖国，爱人民，爱劳动，爱科学，爱护公共财产，助人为乐，英勇对敌，集体主义精神，专心致志地为人民工作，等等。这里的哪一条不属于社会主义人格的范畴呢？

2006年党的十六届三中全会，第一次提出了"建设社会主义核心价值体系"的历史性命题和战略任务。2007

年，胡锦涛同志在"6·25"讲话中又具体提出这个"体系"包括四个方面的内容：①马克思主义的指导思想；②中国特色社会主义共同理想；③以爱国主义为核心的民族精神和以改革创新为核心的时代精神；④社会主义荣辱观。这四个方面，一是信仰，二是理想，三是精神，四是道德文明，哪一个不在社会主义人格的范畴之内呢？党的十七届六中全会又提到了社会主义核心价值体系是"兴国之魂"。

2012年11月，在党的"十八大"上又用"三个倡导"把社会主义核心价值观概括为十二项：①倡导富强、民主、文明、和谐；②倡导自由、平等、公正、法制；③倡导爱国、敬业、诚信、友善。而且中办文件又把这"三个倡导"分为三个层面：第一个"倡导"的四项，是国家层面的价值目标；第二个"倡导"的四项，是社会层面的价值取向；第三个"倡导"的四项，是公民个人层面的价值准则。实际上前两个"倡导"的八项都是属于"国格"范畴，而第三个"倡导"是属于"人格"范畴。

那么，我们怎样才能在前面讲到的那些历史嬗变中培育建构起这个"核心价值观"呢？中共中央政治局的第十三次集体学习，似乎很明确地回答了这个问题。

新华社北京2014年2月25日电讯称：中央政治局在2月24日，以弘扬社会主义核心价值观，弘扬中华传统美德为内容，进行了集体学习，习近平总书记在主持学习时强调：

　　培育和弘扬社会主义核心价值观必须立足中华优秀传统文化。牢固的核心价值观，都有其固有的根本。抛弃传统、丢掉根本，就等于割断了自己的精神命脉。博大精深的中国优秀传统文化是我们在世界文化激荡中落稳脚跟的根基。中华文化源远流长，积淀着中华民族最深层的精神追求，代表着中华民族独特的精神标识，为中华民族生生不息、发展壮大提供了丰厚滋养。中华传统美德是中华文化精髓，蕴含着丰富的思想道德资源。不忘本来才能开辟未来，善于继承才能更好创新。对历史文化特别是先人传承下来的价值理念和道德规范，要坚持古为今用、推陈出新，有鉴别地加以对待，有扬弃地予以继承，努力用中华民族创造的一切精神财富来以文化人，以文育人。

　　习近平总书记的这段论述相当精辟，对于如何培育建构社会主义核心价值观问题从四个方面剀切明白。

第一，他明确指出要在中华优秀传统文化的基础上，来构造我们的社会主义核心价值观，而不能割断历史。这一条十分重要，否则我们便会失去我们的本来面目，便会成为无源之水，也就无法走向未来。

第二，指出了中华传统美德是中华文化精髓，蕴含着丰富的思想道德资源。这就为我们揭示了社会主义核心价值观，要以弘扬优秀的中华传统美德为基础。

第三，他指出，对传统文化在扬弃中继承，在继承中创新。这就是说，社会主义核心价值观的内涵，既要有优良传统的文化精神，也要有时代精神，是二者的有机结合。

第四，他指出要用中华民族创造的一切精神财富，来化人育人。这就是说，弘扬中华民族文化，并不只是传承儒学那些道统，而是要弘扬全民族共创的优秀传统文化。同时也就是说，培育、弘扬社会主义核心价值观的根本目的是化民、育人。

尤其值得瞩目的是，习近平总书记在这次讲话中提到了一个"中华民族独特的精神标识"问题，而在同年的全国组织部长会议上又提出我们再也不能以GDP论英雄的思想。让人欣慰的是，思想道德文化建设终于被提升到一个民族的标识地位，这至少表明中国人的思想观念，并不落伍于世界潮流。

并不受人欢迎的亨廷顿生前给他的祖国提出的警示忠告，竟是如何弘扬他们没有多少历史和文化的"传统文化"："盎格鲁新教精神——美国梦"，以此为国家的"文化核心"问题。他讲道："在一个世界各国人民都以文化来界定自己的时代，一个没有文化核心而仅仅以政治信条来界定自己的社会，哪有立足之地？"所以，他提醒他无限忠于的祖国，一定要巩固发扬他们自入居北美以来，在新教精神基础上形成的"美国梦"理念的"文化核心"地位，这样才能消解这个国家的民族与文化双重多元化的危机。为此，他甚至预言美国弄不好会在本世纪中叶发生分裂。而且他公开预言不列颠大英帝国也会因民族与文化多元化的问题，导致在本世纪上半期发生分裂。

西方的一些专家学者们也十分强调国家民族文化的地位问题，柏克说："全世界的人根据文化上的界限来区分自己。"丹尼尔同样说："保守地说，真理的中心在于，对一个社会的成功起决定作用的是文化，而不是政治。开明地说，真理的中心在于，政治可以改变文化，使文化免于沉沦。"这些语言也可能有它们的局限性与某种非唯物性，但至少可以让我们看到那些发达的资本主义国家在想什么，至少与马克思主义经典作家们，关于意识形态并不总是消极被动地接受它的经济基础的论断并不相悖。

中国显然具有世界上最悠久的民族文化，同时显然也拥有世界上最强大的政治优势。新中国包括它直接进入社会主义的经济形态，以及其后的一次次经济变革，哪一次不是靠政治力量在强力推动呢？它当然同样拥有让我们几千年的民族文化"免于沉沦"的能力。有学人认为我们的民族文化早就被以往一次次的历史性灾难割裂了，这个看法显然都是毫无道理的。但我们当下却确实面临着"两个传统"失传失统的危险。中国的传统文化与优秀的民族美德，在当代国民中还有多少传承？老一代中国共产党人用生命与鲜血铸就的光荣革命传统，在党内还有多少"光大"？我们现在全民族的"核心文化"到底在何处？"社会主义核心价值观"的提出不仅符合世界潮流，也是使我们优秀的民族文化得以传承而不发生历史断裂的根本保证。富和强永远都不是一个民族的标志，哪个国家不可以富，不可以强？但能代表中国"这一个"本来面目，具有自己民族特色的，唯有中华民族的文化，能代表中国人形象的只有中国独具的道德人格。什么是人格？人格就是原始戏剧中不同角色的本来面目。

综上所述，我们是不是可以这样认为，社会主义核心价值观应内含如下的成分：中华民族传统文化中的优秀传统美德；中国人民近现代反帝反侵略反封建的爱国主义、斗争精神与中国共产党领导下形成的几十年光荣革命传统；中国化了的马克思主义有中国特色社会主义的共同理想；与"中国梦"远大目标相适应的时代精神。由这些内涵构成的社会主义核心价值观，用它来干什么呢？用习近平总书记的话来说就是"化人""育人"，把它再具体化一下，无非是打造能体现中华民族特色，代表中国形象的国格、人格。在思想道德层面上，一个国家的民族精神也只有在人的身上才能体现，所以我们依据社会主义核心价值观的基本要求，针对当代青少年的实际情况，策划了《中国人格读库》这样一套大型系列选题。

本套书承蒙全国少工委、中华文化促进会、团中央中国青年网三家共同主办推广，并积极提供书稿。难得高占祥老前辈热情出任该套书的编委主任，且高占祥同志不辞屈就加盟主创作者队伍。一些大学、中学教师与青年作者也积极加盟此套书的编写。该选题被国家新闻广电出版总局列为2014年全国社会主义核心价值观重点选题，在此一并鸣谢。

希望本套书的出版能为社会主义核心价值观的培育与弘扬，为促进青少年的道德人格养成起到积极的作用。欢迎广大读者与作家对不足之处批评教正，多提宝贵建议与指导意见。

谨以此代出版前言并序。

二〇一四年十月

于北京时代华文书局

引言

1913年3月20日晚10时45分，原本平静的上海火车站平地里炸起三声急促的枪响，这三枪夺走了时任国民党代理理事长、"宪政之父"宋教仁的生命，结束了这位杰出政治家短暂而传奇的一生。也由这次政治暗杀始，新生的民国本已纷乱的政治形势，更是蒙上了阴谋和搏杀的硝烟。而在这硝烟之上，在这不平凡的1913年之后，中华民族的苦难愈发深重，中华民族的耻辱愈发难言，愈发难以抹去。

"莫使真心堕尘雾，要将热血洗乾坤"，这是宋教仁的窗前楹联。这一联，正好是宋教仁一生的写照。宋教仁在其短短三十一年的生命中，为解救民族危难而奔走，为实现自由民主而呼号，为争取公正平等而奋斗。终其一生，不存私心，在人人醉心于科举功名，沉迷在"天朝上国"的迷梦之时，宋教仁仍存"真心"，不使"真心"迷失在现实堕落扭曲的"尘雾"当中：这一"真心"即是中华民族千百年来敢于担当的民族责任意识。而在国家民族生死存亡的危急时刻，宋教仁不仅仅停留在口头的言语，他自己抛头颅，洒热血，义无反顾，投身到革命救国的道路中去。最后正是以身死之代价，捍革命之成果，完个人之价值。

中华民族自古以来就有"无求生以害仁，有杀身以成仁"的气概，饱受传统教育熏陶的宋教仁便是其中的典范；而后又受经世致用思想的潜移默化，赶上广开西学之风，由此遍尝欧风美雨，得以睁眼看世界。在宋教仁短暂但精彩的一生中，他在实践中不断完善着自己对自我、对国家、对民族、对世界的理解，搞学运，办杂志，建立同盟会，投身国家制度建设，组国民党，怒斥袁世凯政府假民主真专制，意气风发，仗义执言，唯存一"公"字于心间。壮哉宋教仁，堪堪一文人，敢为天下先，其人格精神的光芒更在具体的事功之上！

且看孙中山先生为宋教仁写下的诔词：

作民权保障，谁非后死者。
为宪法流血，公真第一人。

这篇诔词言辞无限哀恸，充满对斯人之缅怀；而将宋教仁奉为捍卫宪法身死之第一人，更是表达了对宋教仁以身护法的景仰，以此号召后辈，为中华民族的独立与富强，为民主政治的实现与完善不遗余力地奋斗。

宋教仁

目录

一、生于多事之秋

清光绪八年，农历壬午年，公历1882年，这一天，湖南省桃源县宋氏家族迎来了一名男孩的降生，人们难掩家中新添男丁的喜悦，纷纷奔走相告，古老的家宅内充满了欢声笑语，欢迎这一位新成员。人们没有想到这个不起眼的婴儿，日后竟成长为影响国家民族命运的人物，这个男孩就是中国伟大的民主革命先行者、中华民国的缔造者之一、民国"宪政之父"宋教仁。

宋教仁出生的年月，古老的中华帝国已隐隐有倾颓之势。自鸦片战争英国以坚船利炮打开中国国门之后，清朝统治者签订了一个又一个丧权辱国的不平等条约。这是中华民族历史上最为屈辱黑暗的岁月之一，统治者昏庸无能，只会卖国求荣，令偌大一个国家任人宰割，对内则鱼肉百姓，镇压农民运动，捕杀先进人士。上层统治者的生活极尽奢豪之能事；反观下层人民普遍生活困苦，衣不遮体，温饱问题难以解决，传统的小农家庭背负繁苛的税赋，维持日常生活已很艰难，又兼有连年战祸、水旱灾荒，很多家庭流离失所，甚至卖儿卖女。此时，从上至下，虽然有少数清醒者，但大部分人仍保持夜郎自大的心态。天朝上国的迷梦，人人都沉醉在其中，认为中国仍然是世界文明的中心，面对当前所受的挫折，知识阶层仍然热衷科举，以考试求取功名利禄，鲜有人真正关心国家和民族的命运。

宋教仁出生并成长于中国中南部的湖南。湖南这一省份在古时即"楚地"，多丘陵地区，位于长江中游地区，长江从中部流过，滋养了一方水土，孕育了湖南无数文人雅客、壮士豪杰。湖南可谓物华天宝、人杰地灵，素来有"惟楚有材，于斯为盛"的美称。由于先天的地理位置，湖南省并没有最早受到外来列强的侵略和工业文明的冲击，但是清季的大变局中，湖南省却异军突起，更是涌现出一大批对日后一百多年中国走向产生重大影响的人物，其中就有宋教仁。

楚地素来民风剽悍，有"敢死排外性质"的"民气"，楚人好勇，各地都蓄有民间武装色彩的团练。清末的湖南首先在军事方面崛起，其中19世纪中期爆发的太平天国运动，对湖南影响无疑是巨大的。太平天国运动在湖南直接刺激了湘军的崛起，湘军成为清末一支重要的武装力量，可谓是"无湘不成军"。1860年曾国藩担任两江总督，湘军得到大力扩张，增强了湖南的地方自主性，同时为了打击太平天国运动、扩大了湖南的经济自主权，推动了湖南手工业的发展，所有这些都为之后湖南地方大员支持维新运动创造了条件。曾国藩等人形成了地方性的湖湘军政集团，这是一股很大的政治势力，而湖湘集团的实权官员，如张之洞等人，则致力于在湖南省开办新式学堂，改革落后衰朽的传统教育，这样一来，经世致用之风重又大盛，新学实际上在不经意间孕育了之后主导话语权的湖南文化。就是在这样一个相对平和但又极富朝气的环境中，宋教仁度过了人生的前十几年，逐渐成长为近代民主革命先行者。

宋教仁出生在一个世代接受儒家教育的家族，但是有意思的是，宋氏家族习儒者众，而真正考取功名的却不多，反倒有不少狂狷不羁之人。其中最突出的一位，当数宋教仁的七世伯祖宋起龙。那是明末清初时候，清人入关不久，对前朝知识分子的言论和思想把控异常严酷。宋起龙常常以明朝遗民自居。他极有文采，著有《腹笥草》，却不倾心于科举考试，只是隐居乡间，为宣泄文气并胸中一口怨气，留下许多的文章诗歌，显名于时，而又闻名于身后，宋氏家族代代纪念他："云友公起龙者，族先辈名下士也。"宋起龙骨子里带有楚人"敢死排外"的气质，他在晚年重修家族族谱，以此追缅先人，更是寄望于后者，不要忘记祖宗，不要忘记自己民族的文化与精神，更是激励家族中有志气的人，传承自己的精神与志向。

宋教仁就在这样的环境中长大的。4岁时，宋教仁进入家族

曾任湖广总督的张之洞

私塾学习，接受正统的儒学教育，那是家族中的一座祠堂。寒来暑往，斗转星移，在宋氏家族这座久经沧桑的祠堂里，传出琅琅读书声，经年不绝。天有不测风云，在1892年，也就是宋教仁10岁的时候，宋教仁的父亲因为念书过于辛苦，落下了病症，一时病发去世了，他们家里的顶梁柱倒塌了，家道随之中落。家里为了挽救父亲的生命，倾其所有，砸锅卖铁不说，还欠下了大笔债务，宋教仁不得不辍学在家。年幼时候历经的家庭变故，也磨砺了宋教仁的意志，他一直在心里暗暗地发誓：将来一定要要好好念书，出人头地！

当时在桃源县的孩童中，非常流行一种扮演兵匪的军事游戏。参加游戏的往往分为两派，一派为"汉军将领"，一派为"清朝官军"，双方或是排练军操，或是建筑防御工事，或是相互角逐，直到把另一方打败。此时的宋教仁内心模模糊糊地不愿意充当"官军"的一方，他往往争先充当反抗官军的一方。游戏开始了，宋教仁和他的小伙伴们在空地上奔跑着，躲避"官军"的追捕，他们时而聚拢，时而分散，迷惑着"官军"的判断；突然他们又会集中优势的力量，打"官军"一个措手不及，把很多猝不及防的对手打败，最后把他们的指挥官推翻，从而取得游戏的胜利。每当到这个时候，宋教仁总是忍不住哈哈大笑，难掩心中的喜悦。朋友们不理解宋教仁为什么每次都要当汉军将领，获胜后还如此喜悦，宋教仁说："这些人骑到我们的头上，作威作福，却不顾老百姓的死活！等到我

宋教仁

长大了，我一定要将这些推翻。"

1898年，16岁的宋教仁已经是一个英姿勃发的少年，也就是在这一年，依父母自幼定下的婚约，宋教仁和长他四岁的方氏结婚。方氏也在宋教仁之后的岁月里一直相伴，为宋教仁育有一子。宋教仁结婚时，家中有一次在大宴宾客，觥筹交错之间便有通晓些时务的长辈谈到国家大事。老一辈的家族成员不免提到朝廷的恩惠，便要说上一句"皇恩浩荡，国泰民安"，喜形于色，只差向北对着皇城的方向叩上几个响头。宋教仁见了此番情景，皱起了眉头，难以掩饰自己的嫌恶之情，便在这厅堂之上，大声地说："现如今灾荒连年，民不聊生，国家内忧外患，外有夷狄侵略，内有奸佞当道。国家已经成了这个样子，有何皇恩？这样的皇恩，不要也罢！我们众人，当以国家为重。"这话说完，在席的宾客都吓得面如土色，陷入了缄默，有些人偷偷溜走一边还说："这个新郎官简直是疯子，我们可不敢再作陪了。"而宋教仁对这些人怒其不争，终于忍不住当面表露自己的不满，把个大婚的吉日，生生地给破坏了。从宋教仁这一事迹可以看出，宋教仁对于当时的清朝统治者以及帝制，已经产生了反抗的心理，平日里已经有很多自己的思索，婚宴上家族长辈的昏聩只是一个触发的机会，他借机直抒胸臆，痛斥当朝者。实际上，这也不是宋教仁第一次对专制统治表达自己的不满了。在1894年，宋教仁才12岁，听闻中日甲午战争之中，清政府赖以占据制海权的北洋水师全军覆没，宋教仁不由得悲从中来，痛哭流涕。哭罢，即索来纸笔，挥毫赋诗："要当慷慨煮黄海，手挽倭头入汉关。"激愤之情，如风行水上，自然成文。少年宋教仁立下誓言："文不借笔，武不借刀！"要学得一身本事，将来报效祖国，驱除鞑虏，振兴中华。

1899年，也就是在失学7年之后，在哥哥宋教信的资助下，宋教仁得以进入桃源漳江学院学习。桃源漳江学院是湖广总督张之洞推行教育改革的新式普通中学堂之一，宋教仁在学堂中，并不十分在意以往科举考试所注重的传统经典，而是倾心于经世致用之学，他想要学一些真正能改造社会的本领，可以直接投身到为国家民族排忧解难的事业中去。也就是在桃源漳江学堂之内，宋教仁结识了许多对他日后人生产生重大影响的人。其中两位就是他的先后两位校长，黄彝寿和瞿方梅。

黄彝寿的哥哥黄彝凯与维新变法运动的领导人谭嗣同是相识，并且也投身到维新变法运动中去，不幸在南京遇害。由于这一层关系，黄彝寿受维新变法的思想影响极大。黄彝寿校长对经世致用的思想极为推崇，向学生介绍明末清初王夫之、顾炎武、黄宗羲等人的思想，要求学生关注时务，要有自己对国家和民族前途命运的思考。黄彝寿也有极强的民族忧患意识和对国家的责任感，他在桃源漳江书院的大堂之

北洋水师战舰

支持变法的光绪皇帝

上悬挂了自己创作的楹联："堂堂华夏愤膻腥，要大家励精致气，以湔国耻；纳纳乾坤运枢纽，看此日从新化政，懋育群星。"以此激励学生勿忘国耻，要励精图治，锐意进取，成为能担当国运的人才。

另一位校长瞿方梅是一位道德学问皆属上品的先生。瞿先生不仅有着渊博的学识，他对于新学亦是有极大的兴趣。瞿方梅力主在桃源漳江书院推行新学，在学习西方先进的办学制度，推广实用之学方面，桃源漳江书院无疑在整个湖南省都处于领先地位。书院的办学制度已经接近西方了，但是所用的教材，仍旧是旧时候的书籍，和发展新式教育的需求极其不协调，这该怎么办呢？于是，又是瞿先生的主持，在一个冬天特地划出三千制钱的经费，纯做购书之用；又因为瞿方梅很器重宋教仁，于是便派宋教仁，连同其他两位同学，携带购书经费，前往省城长沙采办教学所需书籍。这一个冬天，正是1899年的寒冬，处于世纪之交，距离下一个世纪也许仅仅隔着几次日出日落，几声鸡啼。人们在期盼着，所有的人在忍受着苦难，但是所有人心中都隐隐听到了一个声音：时代变了。古老的中国即将迎来更为激情澎湃的一百年，这一百年里，中华民族的子孙，我们的先辈们，将会尝遍书卷无法写尽的艰辛，也将体会到前人无法体会的欢乐，所有的阴谋、胜利、搏杀、秩序、混乱，都将在这一百年内展现得淋漓尽致；而此时宋教仁才刚刚走出桃源县的小天地，接触到外面的世界。历史多么像一个迷宫啊，谁能预想到这个少年，在十多年之后会给这个古老的国家带来巨大的震撼？这也正是历史的魅力所在，追寻宋教仁个人的历史，亦是追寻这个国家进入二十世纪之后最曲折的命运。

二、身在学院，放眼天下

　　时光荏苒，岁月穿梭。在桃源漳江书院的学习中，少年宋教仁逐渐崭露头角，他也颇受老师器重，也很得同学们的倾慕。有一次黄彝寿先生从长沙购得一批图书经水路运回桃源，不巧的是，由于水流湍急，多险滩旋涡，这批图书在途中落水了。桃源漳江书院的师生紧急抢救图书，将书放在书院的场院上晾晒。宋教仁便一边晾晒书籍，一边用手指小心地翻着书页，生怕书被弄破。他是在利用晒书的机会仔细阅读，他的阅读速度很快，却不影响阅读质量。晒书完毕，宋教仁一本书也读得八九分熟悉了，于是他就和黄彝寿先生交流读书感受，对书中的内容提出一些颇有见地的看法。经过此事，黄彝寿更是对宋教仁刮目相看，感叹道："此子日后必成大器！"

　　根据他的同学回忆称，宋教仁学习十分刻苦，虽然年少，但是脸上已经隐隐透出不凡的英气。看书时候也是一目十行，写作文一气呵成，才华横溢。在各门功课中，宋教仁没有一样是不精

邹容

通的，训诂、地理、修辞还有政治学，样样都名列前茅。

更难能可贵的是，少年宋教仁自有一套扬弃的学习方法，他对教学中内容并不盲从，而是有着与年龄不相符的成熟的洞见，往往能够取其精华，去其糟粕。宋教仁尤其精通地理学，这一门学问，对他之后的人生影响很大。通过地理学的学习，宋教仁开阔了眼界，并在心中暗暗地埋下了出国学习的想法。

此时的宋教仁，个人的民族主义思想更加趋于成熟和完备。他在课余时间的一大爱好，便是邀诸位好友，共赴漳江阁，玩赏漳江的大好景色，同时对古今中西的政治抒发自己的感想。谈笑间，各人的观点常常碰撞出火花，产生一些事关民族国家命运的深入思考。宋教仁经常抨击当时的清朝统治者，这也是他潜移默化地接受了革命学说的结果。眼看漳江缓缓流过，水势盛大，绝好的美景尽收眼底，宋教仁只觉得心旷神怡，豪气顿发。他说："现如今，全天下的老百姓都十分痛恨朝廷的统治。假如这时候有一位顺应民心的英雄豪杰人物横空出世，占据武昌，向东扼守九江，挥军直下江南，截断天险黄铁桥，同时向西打通入川蜀之道路，南方则是我湖南富饶之地作为起义根据地，以供给军粮，一举击溃湖北地方的清朝势力，这样一来，不就可以角逐天下了吗！"宋教仁的师友们听了都大为震骇，有人认为不足取的，也有认为宋教仁日后必成大器的，意见纷纭。但是，宋教仁倒是得到了一个"狂生"的称号，闻名于整个书院。

1900年6月，宋教仁迎来了儿子宋振吕的出生，这也是宋教仁一生唯一的孩子。在这一年，湖南与湖北地区发生了重大的政治事件，这一事件也极大地影响了宋教仁，使他头脑中的革命思想更为巩固。这一年，湖南人唐才常在汉口举事，成立了自立军，实际上是在两湖地区自立门户，意图与北方的清廷抗衡。无奈这一起事遭到泄密，唐才常也因策动起义而被杀。这一事件的意义是非常大的。在此之前，是康有为、梁启超等人的改良主义占得话语权，他们主张的是温和的议会改革，对清政府仍然抱有相当的幻想，并不主张采取激进的革命手段推翻帝制。但是改良主义在中国受到落后守旧势力的围剿，遭遇到彻底的失败。唐才常的举事，释放了这样一种信号：革命时代已经到来。这件事产生的混乱、流血，对少年宋教仁的震动巨大。因为在宋教仁个人的思想体系当中，在此之前，他仅仅是倾向于一种朴素的革命思想，也可以说是宋教仁本人的民族革命思想。他更多是在感情上痛恨误国害民的专制统治，并无一套明了的宪政理论和一种清晰的政治理想。但是唐才常事件，无疑将宋教仁从单纯的民族革命往民主宪政的方向上用力地推了一把。还有一种传言说，时年18岁宋教仁已被发展成为自立军的秘密党员，参与了此次事变的谋划。只是侥幸并未被波及，而这一次捕杀之后幸存下来的自立军秘密党员，日后大多成为了中国民主革命的中坚力量。

之后宋教仁奉母命参加了还在举行的科举考试。在1901

年，宋教仁顺利地考取了秀才头衔，这意味着他在学业上已小有成就，只待进一步的苦读、考试，就可以顺利地走上仕途。但是这种规划似乎并不符合宋教仁的心意，他对清廷的对抗心理日益强烈，在内心深处极为排斥为官之路。这时候，将宋教仁辛苦抚养长大的母亲，在宋教仁的这一人生转折时刻起了关键的作用。宋母慈爱地握着宋教仁的手，语重心长地对宋教仁说："我儿，你既然已经做了秀才，难道就仅仅把眼光放在科举考试上吗？你应该追求更大的目标啊。"而这更大的目标，不必言说，自然是为百姓、为天下、为民族谋更多的福祉了。宋教仁的母亲出身于当地名门望族，知书达理，她对宋教仁的期望，更是坚定了宋教仁要干出一番大事的决心。素来对母亲百依百顺的宋教仁怎么会违抗母亲的心意呢？

当时的湖广总督张之洞关心教育，在1899年就成立了名为"两湖书院"的新式学堂，拉开了两湖地区教育制度革新的序幕。而在1902年，张之洞再次加快了教育改革的步伐，在武昌开设文武普通中学堂各一所，面向湖广地区招收有天赋的学生。宋教仁在母亲的催促下背负着考具前往武昌考试。这一次考试的主考官是冯鼎芬，他是一个比较正派的官员，学问深厚，后来做过末代皇帝溥仪的老师。考试的内容是作一篇策论，题目是《汉武帝论》，其中寄托了主考官微妙的政治抱负，也想借此考察一下两湖地区少年豪杰的气概如何。宋教仁的一篇策论写得大开大阖，文气纵横，抒发了自己对汉武帝安定边疆、建功立业的景仰，实际上这是他心中已经成熟的民族思想，其中对于本民族的认同以及好武精神，亦是清末民族革命理论的投射。这篇文章大受主考官冯鼎芬的赏识，众考官阅后也都拍案叫绝。这篇文章当即被列为第一名，于是宋教仁得以进入武昌文普通学堂就学，在那里宋教仁遇到了许多日后志同道合的革命伙伴。

这段时间里，还发生了一件轶事，足以见得宋教仁当时的才华。宋教仁考试结束之后，即将返回长沙。他深感学堂的教育体系要远胜于普通书院的教育体系，于是宋教仁上书湖南巡抚俞廉三，主张改岳麓、城南、求忠三所书院为学堂，文章写得令人叹服，极富见地，切中要害，湖南巡抚读后被打动，欣然接受宋教仁的请命，下令改革这三所书院的学制，于是，湖南学堂之制从此确立。而此时，宋教仁刚刚20岁。

三、组织起义失败

20世纪初的武昌，文化繁荣的程度无疑处于全国前列。仰仗设学堂、办实业的东风，各路人才齐聚，其中有着顽固的保皇派、温和的维新派、激进的革命派。不仅仅是交通枢纽，此时的武昌也是南中国政治和文化的中心之一。各种各样的思想在这片孕育了瑰丽奇绝楚文化的热土上交汇、碰撞、融合，对立的双方开诚布公地进行论战。无论你信仰何种主义，都能在这片土地上找到同道；所有怀远大抱负的人仿佛心有灵犀齐聚武昌，想要一展自己的抱负。今天回首看去，虽然有的观点看来幼稚，有的言辞看来冲动，但仍然能令今天的人们感动不已，为之热血沸腾。这些如潮水一般涌现的豪杰人物，他们身上体现着跨越时空至今仍旧在闪耀的"国家兴亡，匹夫有责"的民族精神。这些人会因为主义的不同而分道扬镳，但是在国家面临的危局下，所有的人心怀的，都是对人民、对国家、对民族的热望，他们确确实实地想要争取民族独立、国家富强，今天的人们应当对此保持一份敬意。

武昌文武普通中学堂皆是在总督张之洞的督办之下建立，对入学学生的考试极其严格，因此，能够入这两所学堂学习的学生，无一不是天资聪颖的青年才俊。宋教仁便是在武昌文普通中学堂之中结识了一大批有抱负有见识而又志同道合的朋友，大家谈论起国事，往往都哀叹清朝统治者的无能，同时又表达出一种依靠学习西方制度来开创变局的理想。宋教仁在这一时期遇到的朋友大多成为了他一生的挚友，并在之后的革命生涯中成为革命伙伴，为民主民族革命目标的实现而并肩作战。自此之后，宋教仁开始真正投入到政治运动当中去。

20世纪初，与中国毗邻的沙俄帝国广泛推行"要地清人"的血腥政策，在中国东北蓄意制造了多次屠杀惨案，清廷大为震骇，随之畏葸不前，此时东三省沙俄的势力急速膨胀。而后在1903年，清政府迫于沙俄的威势，签订了《中俄密约》，即俄方单方面提出的"七项撤军新条件"，这是一个带有帝国主义色彩的不平等条约。俄方强占沈阳，并派遣总督对东三省进行殖民统治。闻此，国内外华人无不群情激奋，民怨鼎沸。首先对沙俄赤裸裸的侵略行径进行回击的是留日学生，他们当即决定组建义勇队，后改为军国民教育会，其宗旨在于以抗击俄军之勇气，激发国民反抗列强的精神。这一团体立即选出两名代表回国，向当时掌握军队实权的袁世凯陈说主战之意。北京大学堂与上海教育界均纷纷发电以示声援。同时，湖北高等学

黄兴

堂学生也上书张之洞，痛陈时弊，"请正告政府，弭患未然，将俄人背约之罪，布告万国，联合英日，以作后援，学生等愿披甲执戈，以一吐我椎心泣血之隐痛，一雪我四万万同胞之大耻，虽饮俄人之刃，食俄人之弹而不恤也。"

但是政府对于留日学生的热忱并未给予必要的关注。留日学生因此非常失望。此时留日学生中出现了派别的分化，一部分对革命已不抱乐观的态度，代之以随波逐流；另一派在认识到清朝反动统治的真面目之后，更加坚定了推翻专制统治的决心。同时这一派激进分子表现出了建立独立武装力量的倾向，他们认为，武装行动只能从中国的具体情况来，还要回到中国独特的国情之中去，于是便派遣留日学生中的领导人回国进行救亡宣传及组织工作。这个人就是后来名震中外的黄兴。在这一契机下，宋教仁结识了黄兴，两人一同为民族复兴大业奋斗了一生。

黄兴，原名黄轸，后改名为黄兴，字克强，又字厪午，号为庆午、竞武，是湖南省长沙府善化县高塘乡人士。黄兴也出生于一个书香门第，他的父亲乃是晚清秀才，母亲出身名门，黄兴自幼饱览诗书，通晓名家思想，尤其推崇明末清初王夫之经世致用的思想。黄兴在学习文化知识的同时，也十分重视锻炼身体，强健体魄，他十分热衷于武术，少年时习得一套巫家拳，在家乡爱打抱不平，行侠仗义。22岁时，黄兴考中秀才，24岁得到湖广总督张之洞赏识，被举荐入武昌两湖书院学习。

1902年，他从两湖书院毕业，赴日留学。值得一提的是，黄兴早在留学日本之前，已接触了大量西方的进步启蒙思想，在改良派思想占上风的时候，黄兴就主张用革命的手段改变中国长期以来的君主专制制度。在日本留学时候，黄兴也开展了大量的宣传工作，创办了名为《留学译编》的刊物，组织"湖南编辑社"，进行救亡图存的宣传。

早在1903年，黄兴就曾经以30岁大寿为理由，卖掉了自己庄园内的几十亩土地，邀集数十好友，在长沙集会，成立了名为华兴公司的矿业公司。这华兴公司，办矿业是虚，民主革命是实，黄兴担任会长，刘揆一担任副会长。1904年2月，华兴会在长沙成立，黄兴被推举为会长，这次出席会议的有百余人，宋教仁也在其中。黄兴在会上发表了重要的讲话，他在讲话中称："本会皆实行革命之同志，自当讨论发难之地点与方法何为适宜……""若吾辈革命，既不能借北京偷安无识市民得以扑灭虏廷，又非可与异族之禁卫军同谋合作，则是吾人发难，只宜采取雄踞一省，与各省纷起之法。"从黄兴的讲话中看到，黄兴等人对于暴力革命是否会到来的问题，达成了毋庸置疑的共识。华兴会的要旨之一，即在于举事推翻清朝统治。此时宋教仁已经完全成为一个革命理论的拥护者了，他接受的这些革命理论，大多来自黄兴、陈天华。

1903年，时年18岁的邹容发表其代表作《革命军》，自称为"革命军马前卒"，这本小书在学生当中广泛流传，造成长久的轰动，极大地动摇了人们对于清朝统治者原有的认识，当时具有举足轻重的影响，为之后的革命行动进行了舆论准备。之后，章太炎在《苏报》上介绍《革命军》一书，为《革命军》的传播奔走呼号，鼓吹其革命精神。接着，陈天华连续发表时文，与反动势力论战，痛斥其懦弱无能，大擎民族主义之旗帜，其文称"诸君此际不为同种人排外族，他日必为异种人诛同族"，要全民都能奋发不畏死亡、革命勇进的精神，民族方能脱离为列强和专制统治宰割的惨淡境地。革命派方面这次轮番上阵，抢占舆论高地，极好地调动了民众对专制统治的仇视和对革命的期盼，这亦是革命派长期酝酿的成果，其意在于争取人心，为革命造势。

对于青年学生日益高涨的反清情绪以及多地发生的反清风潮，清政府采取了严酷镇压的政策，这种高压政策一直持续。1904年革命派考察民心向背，认为时机成熟，黄兴即刻回国，在武汉开展多次演讲，宣扬民族大义，激发民众对革命的赞同与支持，痛斥清朝政府的懦弱无能，酝酿在湖北湖南两省策划革命。在这一时期，发生的一件轶事，足以见得当时的民心向背。黄兴等人的宣传工作极大地依赖于自办的刊物《游学译编》，而这份刊物，在湖南湖北两省极受欢迎，无论是在新军中，还是在知识界，都有着为数众多的拥趸。当时的湖广总督张之洞曾经严令禁止民众阅读《游学译编》。众所周知，这份刊物的主笔者皆为在日留学生，于是张之洞便气急败坏地致电东京留学生部，令召回主笔中的湖北留学生。这件事被上海《苏报》以及东京《江苏》杂志得知，便刊文报道此事，不吝讽刺，称张之洞的一纸禁令只会给《游学译编》做广告。果不其然，《游学译编》遭到禁止之后，销量陡增数千份，政府根本无法稽查，张之洞的禁令也沦为一时笑柄。由此也可以看见，当时的革命派已经逐渐占据舆论制高点，人民已经倾向于赞同他们的革命主张。

宋教仁在华兴会成立后，被热烈的革命热情所感染，遂返回武昌联络友人胡瑛，倡导组织科学补习所以及东文讲习所，汇集各方青年才俊，在民众之中宣传革命理论。胡瑛是宋教仁同乡，同时也是黄兴的弟子，曾经因为策划暗杀当地劣绅不成功，便得黄兴之助，持其信函藏匿在武昌吴禄贞处，后来进入了湖北新军。科学补习所成立，名义上是要宣讲科学，实为呼应长沙华兴会的成立，在武昌建立自主的革命前哨机关。1904年6月，科学补习所举行成立大会，推举宋教仁为文书，胡瑛为总干事，曹亚伯担任宣传，时功璧任财政，湖北武高等学堂的吕大森为科学补习所所长。以此之后，科学补习所便渗透到武昌的军界、政界、学界之中，广泛地吸收了大量倾向革命的进步人士。入所者无不接受科学补习所之要约，奉行"驱逐鞑虏，恢复中华"的行动纲领，以用革命手段推翻清朝统治者为要务。

科学补习所成立之时，恰逢黄兴自上海返回湖南，途经武

黄兴与华兴会会员，前排右二为宋教仁

昌。黄兴与科学补习所的主要骨干成员取得联系，提及先前华兴会所主张的，在远离清朝统治核心地带的南方发动革命的设想。于是，黄兴就提出了自己所策划的革命计划。计划定为当年11月16日在湖南发动，因为那一天乃是慈禧太后的七十大寿。人民对于慈禧太后的祸国殃民早已不满，再加上慈禧横征暴敛，搜刮民脂民膏，挪用军费为自己修颐和园，民间早已怨声载道。革命计划在湖南爆发，邻省湖北当即响应，在计划之中，各地民众必为革命志士之勇猛奋进所鼓舞，革命风潮将会席卷整个中国，推翻满清朝治者便在旦夕之间。

1904年夏，黄兴会同杨守仁，并另外两名革命志士，携带炸药前往北京。他们在天津周密策划多日，再次确定了在慈禧太后七十大寿进行爆破活动，破坏宫殿以及颐和园，同时刺杀朝廷要员。然而他们一行人在北京城内潜伏多日，却发现清廷似乎已经嗅到了不安的气氛，加派了许多护卫，戒备森严，黄兴等人也无法下手。革命同志当中有人渐渐产生了急躁冲动的情绪。黄兴只得带队返回，谋求按照原定计划在两湖发动武装起义。

这个时候宋教仁正在湘北活动，主要在学生群体当中发展革命力量；后又在湘西活动，成立了湘西联络总站，在湘西扩充了革命力量的储备，只等待按照原计划发动武装起义，湘西各地便可纷纷响应，共襄盛举。宋教仁为了发展潜在的革命同志，苦于经费的短缺，又觉得变卖家产似乎有一定的困难，便决定取道长沙与同志会面商议对策。11月5日，宋教仁由水路回到长沙，登门拜访黄兴，但是只见大门紧闭，革命同志已不知去向；又问邻居黄兴何在，邻居答道已经很多天不见黄兴了，宋教仁当下便心中起疑，心中的不安便增添了一分。"难道是事迹败露，黄兴他们都被捕了吗？"他不禁自问道。宋教仁不由得心情沉重，觉得一个人在长沙孤立无援，不知道如何是好，当下便走上街头，一边走一边思考，准备再作计议。不料在街上正好遇见革命同志曹亚伯，曹亚伯见到宋教仁也是大吃一惊，脸色微变。他和宋教仁说道，华兴会的武装起义已经败露了，大批革命同志被搜捕，幸而黄兴脱逃，所以他劝宋教仁也循着黄兴的踪迹，快快逃脱才是。宋教仁听罢十分镇定，他想到自己在常德等地还设有革命机关，不如返回常德立刻发动武装起义，打乱长沙的搜捕势态。于是宋教仁就打算返回常德发动起义，以缓解长沙紧急形势。但是无奈经费不足，又有曹亚伯苦心劝说，四处都有军警搜捕宋教仁，宋教仁只得作罢。第二天，宋教仁见到圣公会的黄瑞祥牧师，黄牧师资助宋教仁银洋15元，在此情形下，宋教仁只能买了离开的船票，跟随黄兴的踪迹逃离长沙。

宋教仁由水路前往上海，途经洞庭湖时，宋教仁见水势盛大，浩浩汤汤，联想到旅途逃窜的困顿，不由得万般思绪涌上心头，当下便赋长诗一首："噫吁嘻！朕沅水流域之一汉人兮，愧手腕之不灵。谋自由独立于湖湘之隔兮，事竟败于垂成，虏骑遍于道路兮，购吾头以千金。效古人欲杀身以成仁兮，恐徒死之无益，且虑继起之乏人。负衣徒步而走兮，遂去此生斯长斯歌斯哭斯之国门。嗟神州之久沦兮，尽天荆与地棘。披发长啸而四顾兮，怅怅乎如何逝？则欲完成我神圣之主义兮，亦惟有重振。"在这首长诗当中，我们可以很明显地发现瑰丽的楚文化在宋教仁的思想中烙下的深刻烙印。整篇长诗有楚辞之风，如滔滔江水，奔流不止。相信宋教仁在写作这首诗的时候，也想到了伟大的爱国主义诗人屈原，想到了屈原为国为民九死而不悔的一生。我们感受到宋教仁怀有民族忧患意识的炽热内心，也感受到了他不顾自身安危、一心为国的伟大人格。自古以来，英雄都曾经历过困顿不堪的时期，这种迷茫，来自个体和外界不协调产生的疏离感，来自崇高理想衍生出的困惑，对于每个热爱自由却深陷禁锢的人来说，这种不安是一种磨砺；对于每个心怀炽热的爱国主义激情的人来说，这种低落是一种考验，它考验你的火焰会烧得更加剧烈，或是就此暗淡熄灭。很多人在革命的道路上就此退缩，回头过上了现世安稳的生活，而只有那些孤独而勇敢的人，那些敢于直面自己闪耀的理想的人，那些能够承担整个民族命运的人，才会在困惑中闪现出高尚的人格精神，才会坚持下去。

11月16日，宋教仁抵达武昌，那一天是慈禧太后七十大寿，也是华兴会原定的举事时间。宋教仁见城内戒备相较以往不知森严了多少，而自己创办起来的科学补习所已经被官府查封，不禁黯然，只觉得物是人非，自己和同志们精心准备的一切计划、一切宏图，皆化为泡影。11月21日，宋教仁见武昌不宜久留，前往上海，找到了友人刘揆一，得知四处都在搜捕华兴会成员。宋教仁得知黄兴等人都已外逃，于是他也萌生了东渡日本的想法。12月4日，得到友人资助的宋教仁，满怀着遗憾与对未来的憧憬，登上了前往日本的轮船，于12月12日抵达东京，遇见了许多旧时的同学，又结识了一些志同道合的朋友，心情轻快了一些。而在日本的游历，使得宋教仁强化了他心中革命的信念。在日本，宋教仁开始了一段崭新的生活。

四、流亡日本办刊物

　　1904年12月8日，宋教仁抵达日本长崎，他长达六年的日本流亡生活就此展开。这一段时间对宋教仁精神的成熟有着至关重要的影响。在日本的六年，给宋教仁提供了不一样的视角。先前在国内，宋教仁仅仅能够看见人民与专制政府之间的矛盾，而对于国家间的矛盾却看得比较模糊。更为重要的是，之前的革命带有一定的盲目性，对于革命成功之后的国家制度建构，宋教仁实际上是没法给出一个明确的答案的。但是，他在日本的六年，同时有无数眼界开阔的革命志士流亡至日本，他们与宋教仁相交甚密，无不给宋教仁的革命观念以启发。一般认为，宋教仁在日本六年的经历，使他蜕变成为一个民主革命者，也是在日本，宋教仁确立了自己穷其一生坚持的政治纲领和政治理想。

　　到达日本后宋教仁前往东京。他早就有创办一份刊物启发民智、为革命造势的想法。在日本，这个想法再次在他的脑海里不停地浮现，于是，宋教仁便决定办一份杂志，作为革命宣传之工具。当下，宋教仁先在东京走访旧时的朋友，为筹措杂志巩固人脉，连续几日，走访了许多朋友，大家意气相投，大多慷慨支持宋教仁的进步刊物。数十天之后，也就是1905年1月3日，宋教仁就发起会议，召集众位朋友商谈办刊物事宜。在会议上，宋教仁慷慨陈词，申明了他创办刊物的目的，乃是为了启发民众，使得之前分裂的革命形势能够得到一个向心力的推动，从而糅合成为一个统一的本民族的大革命。与会者在刊物采取何种体裁上产生了分歧，有人认为不妨以小说报的形式发行，最后经过激烈的辩论，敲定用杂志的形式发行。与会者一拍即合，同意刊物名称为《二十世纪之支那》。宋教仁为了这份杂志，广招社员，动用所有能找到的朋友拉人入股，与印刷商商谈，约稿时四处奔走，可谓是呕心沥血。《二十世纪之支那》能够顺利发行，也多亏宋教仁有一大批友人，他们乐于奉献，矢志革命，其中就有陈天华。

陈天华，原名显宿，字星台，亦字过庭，别号思黄，湖南省新化县荣华乡栗树凤阳坪人，是华兴会创始人之一，后来的同盟会会员。陈天华自幼家境贫寒，但是他不懈苦读，学习成绩优异。1900年进入知名的岳麓书院进行学习，三年后又以优异的成绩，得到了官费赴日本留学的机会。在1903年，由于在对俄问题上，清政府软弱无能，陈天华以血书上书，望打动湖南各界。后来他撰写《猛回头》《警世钟》两书，号召革命，

陈天华

推翻清朝统治者，同时抵御外敌。他是这一时期对宋教仁思想的蜕变产生重大影响的人，他的激进而纯粹的革命理论也是当时无数青年的指路明灯。后来陈天华参与了同盟会的组织工作。1905年，为了唤醒麻木的国人，凝聚力量，陈天华在日本投海自杀。

《二十世纪之支那》是近代史革命上一本不容忽视的刊物，虽然它仅仅发行了数月。这本书对于研究革命前夕革命派的思想以及组织结构有着极其重大的意义。在一开始，宋教仁主办《二十世纪之支那》，意在通过文章，弘扬一种伦理上的而非形式上的爱国主义、民族主义，从而来教育国民，凝聚革命力量。在《二十世纪之支那》短短的数个月发刊时间内，宋教仁极尽所能，刊物四分之一以上的文章都是他撰写的，展现了他极高的政治、历史、文学素养以及开阔的国际视野。在《二十世纪之支那》这块阵地上，宋教仁用笔为武器，极力唤醒民族精神。当时的西方列强和日本，由于看见中国贫弱而任人宰割，从而对中华民族充满偏见与蔑视。他们认为中华民族在历史上就是一个懦弱、不好斗、防御为主的劣等民族，因此，在新的、利益重新瓜分的时代，列强共同宰割并且共治中国是非常有必要的。面对这样的声音，宋教仁首先写的是一篇黄帝肖像题词，词曰：

"呜呼！起昆仑之顶兮，繁殖于黄河之浒。借大刀与阔斧兮，以奠定乎九有。使吾世世子孙有啖饭之所兮，皆赖帝之栉风而沐雨。嗟我四万万同胞兮，尚无数典而忘其祖。"在这篇文献里，宋教仁也正式提出把黄帝即位时间作为民族纪元的开始。重订纪元是当时国内思想界津津乐道的话题，有的主张把孔子诞生之日作为开端，有的主张西周共和元年作为开端。而宋教仁把黄帝即位作为纪元的开端，他的用心在于，用一种追溯祖先的纪念方法，能够使得民众时常回想起自己的根源，同时能够珍视个体身上不再强烈的、退化的尚武气质。这就包含了宋教仁个人的民族主义思考在里面，他提倡的就是单一的民族共同体，在那个时代，也只有这样的民族共同体能够唤醒人们心中沉睡已久的民族认同感和民族忧患意识。

针对当前民族精神上的凋敝，宋教仁用雄健的文笔淋漓尽致地写道：

"集合四百五十余兆神明聪强之血族，盘踞四百六十万方里肥美膏腴之地壳，操用五千余年单纯孤立之语言，流传一万四千余形完富美备之文字，其历史学上之关系，实为东洋文化之主人翁，其地理学上之分布，除本族范围之外，且蔓延于马来、澳洲诸岛屿，更越太平洋而遍及于亚美利加之大陆，其人类学上之价值，则不独与亚细亚系统人民占第一等位置，即于世界亦在最优之列。然而此蓬蓬勃勃之民族，自近世纪以来，昧其爱国心，忘其尚武力……徒有文化力而无团结力，如印度之旧邦，徒有繁殖力而无竞争力，如犹太之遗族，横卧长睡，久唤不醒，奄然荼然，长此终古。呜呼！此民族乎，是非亚东大陆之所谓汉族者乎？顾何以气弱甚，力脆甚，摧残潦倒而无复翻身之望之如此极哉？"

宋教仁大声疾呼，为自己民族尚武精神的缺失而痛心疾首。他列举了自太古时期，汉族先人们开疆拓土的伟业，神话故事穿插其中，读来荡气回肠，也体现了他极高的文学素养。他说，驱使我们老祖宗开拓疆域，为国家奋斗终生的，无非是一种勇猛进取的开放精神，这不就是今日西方自诩的民族帝国主义吗？而我们是在一点一点的消耗当中，把自己原先具备的进取精神、尚武的品质给消磨了，统治者的短视，对于异族侵略的顾虑，导致中国长期处在一个封闭的社会形态当中，我们与外面没有交流，也就忘记了流淌在自己血管里的进取的血液，忘记了自己的祖宗的风尚。宋教仁的文章历数了历史上的开拓进取事迹，旨在唤醒国人，唤醒他们的血性，唤醒他们的责任，唤醒他们的尊严。中华民族不是任人宰割的，异族没有先天的优势来统治中华民族，中华民族是一个自决的外向的民族，而这"外向"的达到，也不是排斥一切外来事物，是通过"排外"来达到的。这"排外"并非闭关自守，而是开放的心态，是要在外来文明面前保持独立自主的地位，同时保留民族的精神。同时，宋教仁也批判了义和团运动的盲目性，他认为，"排外"之心必须要有，而"排外"的暴动在情理上是不允许的。

虽然宋教仁一直在奋笔疾呼，但表面上看起来异常团结的

《二十世纪之支那》编辑部内，其实早已出现了不和的裂痕，危机四伏。陈天华自创刊即担任《二十世纪之支那》的总编辑一职，他也是一名坚定不移的革命派人士。当时梁启超也在日本，他是保皇立宪派的领袖，在青年中也很有影响。保皇派和革命派随即在报纸上展开论战，探讨何种形式能够解除中国的危机。大批的革命者在革命失败后遭到搜捕，在当时的日本聚集了大量这样的流亡者。他们经过了革命失败的挫折，又身在异乡，受人追捕，无法回到祖国脚踏实地地施展自己的抱负。于是很多革命派便意志消沉，被保皇立宪派说动，转身投入立宪的阵营去了。

陈天华在长期的失望压迫之下，对自己一向确信不疑的"主义"产生了怀疑。他在他的自述中写道："恐怕暴力革命、种族主义并不能挽救中国，反而会在此之前使国家大乱！"他与坚持革命主张的宋教仁等人矛盾日益加深。1905年1月，陈天华在日本留学生界散发救亡意见书，陈述自己观点，他认为，现在能够挽救中国的唯一出路，是依赖清政府的势力，推行温和的对内对外政策。他声称，他将要上书清廷，主张君主立宪制，在官员当中培养立宪主义者，从而逐渐渗透进清政府内部，最后达到一个温和改革的目标。所幸黄兴、宋教仁与刘揆一等人发觉，实行"干涉主义"，及时制止了陈天华的鲁莽行为。重申了各省发动起义，通过武装斗争推翻专制统治达到革命目标的纲领，这个纲领得到了与会者的一致同意。

而后宋教仁与黄兴专程前往陈天华的寓所，与他进行了会谈，指出他这样的行为是十分不妥的。无奈何，陈天华只得答应宋教仁，不再坚持保皇立宪的想法。然而两人当时意见上的分歧与撕裂，已经没有办法完全愈合了。

陈天华这一思想上的转变，受到了当时清政府立宪姿态的影响，也和梁启超的改良主义主张有关，显示了在激烈动荡的时代潮流中，思想的变革要经受多少冲击与变化。之后经过参与同盟会等活动，陈天华又开始坚定地传播民主共和思想，为革命作了思想上的准备工作。

1905年3月19日，宋教仁召开了《二十世纪之支那》全体人员会议，会上他陈述了杂志社面临的困境："首先，杂志合股的社员们，现在根本没有把股金交齐，这样一来，杂志的经费就异常短缺；第二，我先前约的稿子，现在也无法上交，无书可印。大家也想一想办法，怎么帮助杂志走出这个低谷。"结果很多一开始信心满满，满口"革命"、"精神"、"主义"的同志都退缩了。最糟糕的是，担任总编辑的陈天华和宋教仁长期存在的矛盾当时爆发，陈天华当场表示辞去总编辑一职。参与会议的人都沉默了，会议室里无比安静，气氛凝重。宋教仁无奈地宣布散会，众人不欢而散。后来一些建议杂志解散的流言，更是日渐多起来了。在这个最最艰难的时刻，宋教仁的同志程家柽毅然挺身而出担任总编辑一职。宋教仁有了这一得力伙伴的帮助，才得以发行《二十世纪之支那》。

《二十世纪之支那》发行的时间极为短暂。在这短短的几个月时间内，宋教仁坚守了他一直信仰的革命主义，在那样一个革命派有点式微的时间段内，《二十世纪之支那》无疑为革命派保留了话语权的一片阵地，并且暗中点燃了许多革命的星火。宋教仁等人有感于革命势力终究会日渐壮大，便萌生了成立一个革命组织的想法。中国同盟会也就应运而生了。

孙中山与同盟会海外会员

五、参与建立同盟会

　　20世纪初，中国内忧外患，清朝统治者软弱无能。国内革命力量如野草一般，不被注意，但是已厚积薄发，只等待一阵狂风点燃这星星之火。这时候留日学生群体已经相当庞大，据统计，当时大概有将近一万名留学生赴日留学，而这些留日学生，正是以后革命之主力军。1904年，华兴会在湖南预谋发动的革命被破坏，两湖军警大肆搜捕革命人士，于是能够躲过搜捕的革命青年，大多选择远赴东洋，其一为了躲避灾祸，其二，日本是当时亚洲最进步的国家，留学日本，无非是为了学习先进的器物、制度还有文化，探索出一条拯救中国的道路。宋教仁就是在这一波留日大潮之中来到日本，在日本开展与革命有关的宣传组织工作，并且创办了《二十世纪之支那》这一进步刊物。然而在旅日学生的群体里面，学生大都以地域为别，分成了一个个相对独立，彼此无甚交集的团体。一个统一的留学生团体并未出现，那么谈论革命力量的统一也是不现实

早年孙中山

的。而宋教仁等人创办的《二十世纪之支那》却是唯一破除了省界，在实质上具有统一性质的杂志。宋教仁和革命同志们也日益体会到建立一个有组织、有纲领的团体的必要性，于是在这个时候，中国同盟会就应运而生了。

1905年7月，孙中山抵达东京。会同黄兴，两人探讨了当前的革命形势，一致认为组成革命政党的时机已经成熟。在同情中国革命的日本进步人士宫崎滔天的牵线搭桥下，7月28日，孙中山前往《二十世纪之支那》社，和宋教仁等人商讨。参加会议的大多是华兴会的骨干人物。他们也详尽地讨论了当下的革命形势，一致认为当前最要紧的事情便是团结一切分散的革命力量，只有这样，他们提倡的革命才可能行得通。切不可以像以前上那样，各自分散，假如那样，只能给革命事业带来更大的损失。但是，在这一次孙中山与华兴会高层的会晤当中，关于华兴会与兴中会是否联合的关键问题仍然悬而未决。陈天华主张联合；黄兴主张仅仅是形式上两会联合，但是华兴会应该保留自己独立自主的地位及纲领；刘揆一主张两会不联合。宋教仁听取了各方意见之后，认为这个问题应该保留，有待研究，因为短期之内也无法看出两会联合对于各自的影响是好是坏。于是，这个问题就被当成一个个人选择的问题，是否加入兴中会纯粹是个人的自由。

7月30日，在孙中山主持下，召开了中国同盟会的筹备会议。宋教仁作为华兴会的领导人之一，也列席参加了筹备大会。在与会者一致拥护之下，孙中山当即在席上起草了同盟会的盟书，并由参加会议的黄兴与陈天华修改。即刻推出同盟会誓词："当天发誓：驱除鞑虏，恢复中华，创立民国，平均地权。矢信矢忠，有始有卒。如或渝此，任众处罚。"众人欣然进行了宣誓仪式，就算做入会。会后成立了一个八人委员会，共同起草同盟会章程。同盟会既已成立，那么吸收会员就是一大要务。孙中山决定亲自出马，组织一次演说会。8月13日，孙中山参加了东京留学生举行的一千人出席的盛大欢迎会。宋教仁主持这次会议，致辞毕，听众大声鼓掌喝彩。他请孙中山进行演说。孙中山陈述了当前的革命形势、国际形势、国内形势，提出了种种对未来的憧憬以及对当下弊病的痛斥。他的发言感染了许多留学生。每每到孙中山演说间隙，雷鸣般的掌声便响起，可见革命思想在留日学生中深入人心的状况。

8月20日，中国同盟会正式成立大会在日本东京举行。会上确立了孙中山的"驱逐鞑虏，恢复中华，创立民国，平均地权"的十六字纲领。让宋教仁深受鼓舞的是，他主办的《二十世纪之支那》被推举为中国同盟会的机关报。这正是革命同志对宋教仁长期以来工作的赞许。革命的风雷激荡着宋教仁的内心，昔日起义失败的落魄似乎被一扫而空，他重新燃起了对未来的希望。

8月27日，宋教仁把《二十世纪之支那》全部的文件转交给黄兴，准备要发行这份刊物的下一期。但是这期当中一篇名为

《日本政客之经营中国谈》却引起了日本政府的强烈反应。

在此有必要阐述一下宋教仁对日本政府所持的态度。应该说，虽然在日本留学避难，学习了很多革命理论，宋教仁对日本，向来持一种戒备与不信任的态度。首要原因当然是日本对近代中国的沦亡产生了不可估量的"推动"作用，宋教仁怎么能够对中日之间的矛盾视而不见呢？所以说，宋教仁旅日，本身就有一种不平衡的屈辱的心理。其次，宋教仁在日本也是饱受歧视的。当时日本嘲讽中国人的文学作品层出不穷，极尽中国人之丑态，以博得大众欢笑。这不难理解，在亚洲崭露头角的新贵日本自然是不会对一个战败国的流亡公民报以应有的尊重的。而留学生在日俄战争中所表现出来的倾向性也让宋教仁感到迷惑。当时战争是在中国境内进行的，而留学生大多希望日本获胜，却集体忽略了战争双方都是侵略者，忽略了战争双方都是非正义的掠夺者，都是中华民族深重苦难的制造者。最后，新生资本主义国家日本当时狂热的军国主义氛围使得宋教仁无比忧虑。他对日本的崛起十分警惕，他多次指出，日本对中国怀有着极大的侵略野心，日本政客在华经营，无非是步步蚕食，最后要吞下整个中国。这就是这篇《日本政客之经营中国谈》的创作动机。

这篇文章无疑触怒了日本政客。日本政府自然发现宋教仁所作的文章，句句切中日本军国主义分子的侵略野心。欲加之罪，何患无辞，日本政府便以宋教仁及《二十世纪之支那》妨

日俄军队在沈阳会战

害公共安全为罪名，下令不准刊发，并将这一期文稿全数没收。宋教仁和日本政府多次交涉未果，想要在香港发行。但是当时同盟会刚刚成立，同盟会首脑都表示不愿意过于张扬，要避开日本政府检查的锋芒。于是，同盟会领导人决定变更《二十世纪之支那》的名称从而达到避嫌疑的效果。该叫什么名字呢？革命党人追求的，无非是后来的三民主义，虽然此时尚未提出三民主义，但是三民主义的思想实际上已经深深植根于革命党人的内心了，革命派所作所为无非是为一个"民"字。于是《二十世纪之支那》改名称为《民报》，仍然作为中国同盟会的机关报。相比较之前宋教仁拟定的《二十世纪之支那》的革命主张，《民报》成立后渗透进了许多孙中山的个人理想。从刊物要义的变更即可看出："一、主张中日国民的联合。二、要世界各国赞成中国革新事业。"从中不难看出孙中山作出了改变，他希望中国的革命事业能得到更广泛的承认和帮助，尽可能减少革命的阻力。

同盟会既成，《民报》改头换面，革命理应焕发新的生机。但是事与愿违，革命形势似乎仍然混乱，这不得不说是革命派缺乏有效的组织机构造成的。同盟会规模迅速壮大，入会成员与日俱增，但是同盟会还不是一个能够发挥政治作用的成熟政党，它实际上是一个松散的"联盟"。同盟会在很多方面，对会员没有行之有效的约束。从革命实际出发，加入政党应当是非常严肃的事情，只要入了一党，便不可同时入其他党派。然而同盟会异常松散，会员入会之后，仍可参与其他革命团体；会员加入同盟会，大多很少参与同盟会活动。可以说，同盟会建立伊始，并没有改变先前留学生群体按地域形成团体彼此割裂的状况，整个留学生当中没有一个具有凝聚力和号召力的团体出现，革命力量也无法统一。这种状况其实一直贯穿了同盟会存在的整个时期，在这种极度松散的管理体系下，同盟会无法取得革命的领导权，这就意味着，同盟会的革命力量注定会被削弱很多，在很多博弈之中必然要做出较多的妥协，将来胜利后，革命果实也会遭到军阀的窃取。

这种情况在《民报》身上也有所体现，《二十世纪之支那》改名之后，编辑部人员也产生了相应的调动。张继担任总编辑和发行人，宋教仁担任庶务干事，主经理事务。后来宋教仁没有精力继续主持杂志，便把庶务干事一职移交给宋海南。而张继也不甚留心杂志社，常常不在《民报》办公，也寻不见他的踪影。而同盟会的领导机构也异常松散混乱。宋教仁的日记当中记录了这样一件事情：那已经是1906年了，一天下午，朱凤梧同志前来宋教仁家中，说同盟会急需要宋教仁担任经理干事的职务。宋教仁自然是百般推辞，因为宋教仁已经担任两个职务了，所以在事务上无法分身。朱凤梧就说，那两个职务无关紧要，都可以辞了，只有这个经理干事是必须要担任的，况且经理干事是个闲职，想来不会占用太多精力。宋教仁仔细一想，觉得不妨用两个职务换一个职务，倒能减轻一些负担。

还有一件事。宋教仁一天上午九时去《民报》编辑部闲坐，同志黄庆午说第二天要到某地去发起武装革命，所以要把庶务干事的职务暂且托付给宋教仁。宋教仁思索着，虽说自己身上还有病，但是这个职务又是个闲职，那么就暂且答应了。后来下午四点，宋教仁前往孙中山寓所，询问庶务干事这一职务的相关事宜。而孙中山似乎有些茫然，不置一词，仅仅是搪塞一番，让宋教仁也大惑不解，于是起身离去。从这两件事中可以看出中国同盟会和《民报》在组织管理上的混乱。

也许是事业上、组织上的不顺利影响到了宋教仁，这一时期，宋教仁经历了人生中很多的变故，在身心上也受到了极大的创伤。他得了神经衰弱的疾病，这和他个人性格上的内向与谦逊是不无关系的。另一大变故就是革命同志的逝去。同盟会初立，各项事业都在这些矢志革命的青年面前展开，就在这个时候，革命派的骨干人物陈天华却在日本投海自杀，以死作为对留日学生的警示。

在那个时代，有大批的革命者流亡到日本做留学生，这不能不引起了日本政府的警惕。而一海之隔的清朝统治者也十分忌惮这些逃亡的革命者，于是清政府与日本政府便暗中勾结，达成某种默契，开始着手解决留学生问题。1905年11月2日，日本文部省颁发了《取缔清国留日学生规则》，严格限制了中国留学生的自由。而这一《取缔清国留日学生规则》实际上是针对刚刚兴起的中国同盟会的。对此，留学生进行了极其猛烈的抗议作为还击，然而却收效甚微。而日本报纸《朝日新闻》亦发表社论作为回应，文中极尽嘲讽之能事，恶意贬低中国人及中国留学生，声称中国留学生都是"放纵卑鄙"之徒。陈天华当时也处在一个极度绝望的境地，他觉得革命的队伍中确确实实混进许多投机分子，仅是空谈救国，而行为也是"放纵卑鄙"。中国同盟会内部也分为两派，争论不休。但是陈天华再也无法忍受《朝日新闻》的诋毁。他认为，革命已经到了一个非常关键的准备阶段，中国同盟会不能因为《取缔清国留日学生规则》而失去对革命的主导权，而留学生革命队伍中的投机分子也应该给予警醒。也许只有身死才能让他的革命同志团结起来，为着一个共同的目标奋进。1905年12月8日，陈天华在日本投海自杀，留下万言《绝命书》，其中写道："我不自亡，人孰能亡我者！惟留学生而皆放纵卑鄙，则中国真亡矣。岂特亡国而已，二十世纪之后，有放纵卑鄙之人种，能存于世乎？鄙人心痛此言，欲我同胞时时勿忘此语，力除此四字，而做此四字之反面——'坚忍奉公，力学爱国'。恐同胞不见听而或忘之，故以身投东海，为诸君之纪念。"读来令人悲切。宋教仁与黄兴等人见到《绝命书》痛哭不已，而宋教仁的精神亦受到重创。

在陈天华死后，宋教仁常常回忆陈天华。有一回，宋教仁和友人聚会饮酒，把盏良久，思绪涌上心头，宋教仁慷慨激发，高歌陈天华所做之《猛回头》，歌罢，泪如泉涌，席上之人无不掩面。再饮酒，又痛哭。当宋教仁清醒过来，天色已明，直觉恍若隔世。

在日本时期，宋教仁远在国内的家庭因为宋教仁参与革命的缘故遭了殃。宋教仁与家中一直保持着通信，了解了家中许多状况。家中有长辈故去，同时缺少青壮年劳动力，经济状况也是非常的糟糕。更因为宋教仁参加革命，家人受到了当局的迫害，受尽不公的待遇。宋教仁每次收到家中的家书，都平添了许多的苦恼。对于这些精神上的烦扰，宋教仁想通过学习中国古代哲学以及西方现代心理学来排遣，但是这种消遣帮助不大，宋教仁依然被孤独、失落、自责包围着，越陷越深，感觉看不到革命的曙光。

中国同盟会成立之后，一段时间里组织问题相对没有那么严重，机构也在正常地运转，然而在这样的平静之下，也潜藏着危机。在1907年，中国同盟会的分裂危险浮出水面。首先爆发的是孙中山与黄兴的党旗之争。孙中山主张使用青天白日旗，这个旗帜是为了纪念革命先辈；而黄兴认为孙中山的青天白日旗是模仿日本的旭日旗，万万不可取，该用他提议的井字旗，以响应平均地权的主张。双方相互争执不下。黄兴一怒之下说要破坏孙中山拟定的青天白日旗，孙中山大怒，大声呵斥黄兴。黄兴在激动的情绪下要脱离中国同盟会。后经过大家的调解，黄兴重回中国同盟会。黄兴虽然以大局为重，返回中国同盟会，但是孙黄之间的裂痕已经产生为同盟会的团结投下了阴影。

宋教仁隐隐感到中国同盟会内部实际上孕育着许多的不安定因素，因为中国同盟会的建立，就是建立在几个相互独立的资产阶级革命团体的结合之上的。虽说是个同盟，但是各派首脑难免念着以前独立时的自由风气，而不能忍受孙中山有时表现出来的专断。孙中山做事有自己的一套办法，他善于在各方周转，但有时却有悖现代政治中的透明公开原则。宋教仁对于孙中山一直保留着自己的观点，很难说宋教仁是完完全全服从孙中山的。第一，他们并非在同一个革命团体共事；第二，就是孙中山不透明不公开的做派，始终令宋教仁心存疑虑。宋教仁的日记中处处都表现出了对这样的孙中山某些不信任的情绪，直到有一次，孙中山与宋教仁生了龃龉，宋教仁便辞去了庶务干事一职。在事实上，孙宋之间的分歧已经存在了，这种分歧也一直延续到革命成功后，他们在政体与国家制度设计上的斗争。

1907年，清政府与日本政府暗中勾结，要求引渡孙中山。日本政府答应，让某富商分与孙中山资费万余元。孙中山老实不客气地收了，拨出2000元，交予机关报《民报》报社，余下资费皆收归己有，做别的用场。这在中国同盟会内部引起轩然大波，兴起了第二次倒孙运动。一时之间，中国同盟会的破裂进一步加剧，有走向分崩离析之势。而革命的未来，也是一片迷茫。

孙中山题写的同盟会十六字纲领

六、笔做刀枪，捍卫领土主权

　　组建中国同盟会初期，宋教仁似乎是被一种莫名其妙的失落感紧紧地攫住，他感到革命希望的渺茫，感到个人命运的不确定，感到国家前途的悲观。但是在1907年，中日关系进一步恶化日趋紧张之时，宋教仁得以真正投身于革命的实践之中，这也为他之后的革命工作积累了无比宝贵的经验。

　　20世纪初期，东北亚地区风云诡谲，日俄两大军国主义氛围浓厚的帝国主义国家对中国虎视眈眈，远东地区战事频繁。清政府投降卖国，又签订了许多不平等条约，割地赔款。东三省内渗透了大量日俄势力，俄国人肆意进入中国境内烧杀抢掠，清政府却睁一只眼闭一只眼。中华民族自古以来就有自强不息的优良传统，东北各地的民众自发组织起来，抗击外来侵略者，保家卫国。这一组织被称作马侠，也有称作"马贼"的。宋教仁早就关注过马侠问题，认为这是一支不可小觑的革命力量，在《二十世纪之支那》一期刊物上专门为东北马侠撰写了《二十世纪之梁山泊》。在革命兴起的时候，马侠对清政府的痛恨不啻为一种有力的力量，马侠这种民间自发组织起来的武装力量，很难被完全消灭。文章认为，通过调动马侠力量，可以消灭两股势力，一是腐朽的清朝统治者，二是对东三省威胁最大的俄国侵略者。

1906年，宋教仁在书店偶然购买到一本《商业界杂志》，返回寓所仔细研读。在其中宋教仁猛然发现一篇文章名为《鸭绿江源之独立国》，这篇文章引起了宋教仁的高度注意。文章中写道，在东三省的鸭绿江、图们江、松花江三江之源头处，有一个叫"间岛"的地区，物产丰盈。所谓"间岛"，自古以来一直是中国领土。清入关以后，将这一带设为禁地，不允许百姓开发。后来这一禁令逐渐失去了效力。这个地方被山东人韩登举占领，他在这里开金矿，蓄养六百余人，皆勤苦劳作。而韩登举也是一个爱恤百姓的人，他不收重税，很多百姓前来投奔他。清政府感到这一问题很是棘手，多次挑选强兵健将来攻打间岛，但是因为韩登举治理有方，操练有术，清军对这间岛也是久攻不下。无奈，清政府只能在这问题上作出让步。每年韩登举上缴清廷二十万金，清廷默认韩登举对此地的占据，双方相安无事。宋教仁读了这则故事，十分感兴趣。而宋教仁之前也曾阅读了大量马侠的资料，他不能不把韩登举与东北民间武装马侠联系起来。他们身上正有宋教仁所推崇的，反抗压迫、勇于抗争的精神。之后，宋教仁在书报阅读中，在读书札记的记录中，也多次留意马侠和间岛问题，日积月累，这一类材料越来越多，宋教仁对间岛问题也有了同时代人无法企及的深入研究。

宋教仁对东北马侠何以关切至此？只因为当时的革命形势似乎进入了一个困境。孙中山、黄兴等人在南方经营革命事业并无多大起色，而东北却因为地缘的原因，不被中国同盟会重视。宋教仁认为，东北的马侠，是很重要的一支革命武装力量。假如联合了辽东、辽西、黑水南北的马侠，组成一支东北的革命队伍，清朝官军自然无法抵挡。一路突破山海关，攻破喜峰口，剑指北京，那么革命大业不就成功了吗？而中国同盟会在南方苦心经营多年，有了十数万党徒，但是因为地缘的缘故，虽然同盟会有如此庞大的群众基础，但是即使发动革命，也不会撼动北京的统治。所以最可靠的办法是，发展南方力量，同时要在东北方面联络革命武装，一旦发起革命，便南北两方如同铁钳一样，牢牢地咬住北京，方能成革命大业。

宋教仁心意已定，便将自己的计划告知黄兴，希望能够稍稍改变一下当前工作的重心。而黄兴刚从南洋回到东京，并不十分赞同宋教仁的做法，感觉他的计划还是过于冒险，怕是会付出较大的代价。后来经过宋教仁的多次游说，黄兴也看到在间岛问题上争取韩登举的可能性。正在此时，革命又一次跌落低谷，湖南、江西等地的革命起义被破坏，功败垂成。黄兴心念已动，便同意宋教仁前往东北联络马侠和韩登举，发展东三省的革命力量。

　　1907年3月23日，宋教仁离开东京，前往东北。4月1日，抵达目的地。之后宋教仁联系上了东北马侠的领袖李逢春，他去信李逢春，赞扬了李逢春等人的斗争精神，并向李逢春说明自己计划中南北夹攻的革命策略。李逢春对宋教仁的计策赞赏有加，表示愿意听从中国同盟会安排，联络了中国同盟会辽东分会，秘密筹备革命。宋教仁也会见了韩登举，在韩登举处得知日本如今对间岛虎视眈眈，图谋不轨，企图使间岛问题复杂化。1907年5月，广东惠州准备发动起义，宋教仁认为东北革命时机已成熟，打算两地同时起义，作为呼应，便可南北夹攻，威胁北京。无奈在碱厂招兵的时候，事迹败露，革命同志白楚香被捕，宋教仁眼见自己也有被捕的危险，无奈只得改变装束，逃离东北，前往日本东京。

　　就在宋教仁回到日本后，中日围绕间岛问题的矛盾越来越尖锐，终于爆发。日本政府一直承认间岛的"中立国"地位，而不承认这是中国的领土，险恶用心，昭然若揭。1907年8月，日本政府假托保护朝鲜人民，派遣大批军队侵入间岛地区，设立派出所，企图控制间岛地区。中日间岛危机爆发，双方开始了拉锯战般的艰难谈判。

　　中日间岛问题引起了宋教仁的高度重视，也许是宋教仁对于时事有着超乎寻常人的敏感，他在先前阅读了日本刊物对间岛的报道之后，在日常的阅读中，已经刻意留心搜集关于间岛的文献了。间岛危机爆发，宋教仁更是一刻不放松地翻阅相关文献。间岛问题的关键在于中国和朝鲜的界线问题，如果宋教仁能够证明，间岛是在中国境内，那么日方的阴谋就不攻自破了。宋教仁对于间岛问题的研究已经持续了很长时间，在中朝界线问题上他有着很强的洞察力。他发现了朝鲜人古山子所作的《大东舆地图》上，明确地描绘了中朝边界，而间岛是处在中国境内的。于是，宋教仁整理了相关的资料，写成了一部考察报告《间岛问题》。这本书写成后，尚未出版，已有日本学者前来接触宋教仁，请求宋教仁将这本书的版权卖给日本，日本政府自然会给宋教仁大笔钱财作为革命经费，这样一来，推翻清朝统治者就有了更坚实的基础。踌躇再三，宋教仁觉得十分为难；但是出于民族大义与爱国情感的考虑，宋教仁绝对不可能将这本书卖给日方。他把书稿整理之后，邮寄回国内，交给清政府作为外交谈判的筹码。

宋教仁把书稿寄给了直隶总督袁世凯，袁世凯得书之后大喜，电复宋教仁要他回国，共同商讨外交事宜，以粉碎日本帝国主义吞并间岛、侵入中国东北的野心。宋教仁因为自己敏感的革命党人的身份，拒绝了袁世凯的请求。在中日交涉间岛问题的过程中，宋教仁给予清政府帮助，但是他从未与清政府走得过近，也是碍于中国同盟会与清政府之间的对立。清政府得到了宋教仁的书稿后，有了谈判的筹码，胜利的天平也向清政府一面倾斜，谈判最终胜利，粉碎了日本帝国主义吞并间岛的阴谋。清政府由此对宋教仁评价甚高，电复清廷驻日使臣拨资费两千元赏赐宋教仁，宋教仁一开始觉得为难，不肯接受；后来驻日使臣再三强求，宋教仁只能接受这笔赏金，但是他没有留作己用，而是把这笔钱分给留日学生中生活状况较为拮据的人。

从这件事情上，可以看出宋教仁处事的高明。首先，在日本政府与清政府的选择中，宋教仁心中的民族主义和爱国主义占了上风，他不能接受牺牲全民族的利益来成全革命的做法，所以他会选择和清政府合作。其次，在他为清政府的外交胜利立下汗马功劳之后，清廷通过钱财对宋教仁进行拉拢，而此时宋教仁坚持对革命的信仰。首先他是一个中国人，同时他也是一个革命党人。事实上，当时中国同盟会内部有许多同志也对宋教仁与清政府合作的做法产生了猜疑，指责他勾结清政府背叛革命的流言蜚语自是不在话下。宋教仁的境地其实是两难的，为了成全自己心中的民族大义，他不可避免地得罪了一些革命同志。但是，之后他对于清政府的拉拢严词拒绝，把清政府给的两千元也全数散尽，以打消怀疑，这也体现了一名革命党人的尊严！

1910年，黄兴在广州发动起义失败。同年4月，汪精卫在北京刺杀摄政王未遂，遭到逮捕。而在日本，日本政府对革命党人恶感剧增，密探、宪兵对宋教仁的搜查也日趋频繁。宋教仁觉得国内革命形势发展似乎已经到了一个转折点，只等待有一个导火索，革命的烈火就可以燃烧起来。于是，1910年冬，宋教仁离开了旅居六年的日本，返回上海。

宋教仁对日本军国主义的警觉是十分有先见之明的。他认为，日本觊觎间岛，仅仅是日本在中国东北侵略的第一步，日本的战略是步步蚕食尽整个东三省，把整个东北的土地都占领作日本的殖民地，然后以东北为基地，不断地蚕食、吞并中国。后来发生的"九一八事变"、"七七事变"，乃至全面抗战的爆发，中国人民遭受的长期的苦难，正印证了宋教仁近三十年前的看法。

七、建立新的国家制度

　　1910年年末，清政府的统治在各地越来越高的起义浪潮中摇摇欲坠。中国同盟会的首脑们计划在第二年发动广州起义。1911年4月，宋教仁前往香港起义统筹部，接替陈炯明担任编制课课长，开始着手拟定各种约法制度，只待革命成功，便可立即颁布。28日，宋教仁与同志前往广州，不幸的是，广州起义又失败了，革命党人再遭重创。一行人只能返回香港，然而众人却没有气馁，因为广州起义已经极大地撼动了清王朝的统治，清王朝的统治已经岌岌可危了！宋教仁返回香港之后，仍旧继续进行约法制度的修订，同时推进中国同盟会中部总会的组织工作。

　　1911年10月9日，武昌，由于一次意外爆炸，革命党人的据点遭到搜查，大批革命党人遭到逮捕，而一份革命党人名册也落入了湖广总督的手中。在这危急的时刻，10月10日，湖北新军中的革命党人自发进行了串联，密谋起义，但是起义计划败

辛亥革命后孙中山与黄兴等人合影